CYSWLLT

Jadwiga Graboś

Cyfieithwyd o'r Bwyleg gan Marta Listewnik

Teitl gwreiddiol: *Kontakt*

©Jadwiga Graboś, 2025
©y Cyfieithiad Cymraeg Marta Listewnik, 2025
©Melin Bapur, 2025

Lluniau a chlawr
©Diana Lipa, 2025

Golygu: Megan Angharad Hunter

ISBN: 978-1-917237-44-4

Cyhoeddwyd y gyfrol wreiddiol gan Lyfrgell Cyhoeddus Dinas Świdnica fel Prif Wobr yn 16eg Gystadleuaeth Genedlaethol Llyfr Llenyddol Gwreiddiol Świdnica 2023.

 Miejska Biblioteka Publiczna w Świdnicy

Autorka pragnie podziękować pracownikom Biblioteki za ich wsparcie i życzliwość.
Hoffai'r awdur ddiolch staff y Llyfrgell am eu cefnogaeth a chyfeillgarwch.

RHAGAIR Y CYFIEITHYDD

Clywais lais Jadwiga Graboś am y tro cyntaf fis Rhagfyr 2023 wrth i mi wrando ar raglen radio Bwyleg o'r enw 'Adar o Bob Lliw', cyfres sy'n trafod profiadau pobol ag anawsterau yn eu bywydau beunyddiol a theuluol. Roedd y bardd yn darllen cerddi o'i chyfrol *Kontakt* ac yn siarad am ei phrofiad o fagu mab gydag anableddau amryfal ar ei phen ei hun. Wedi i'r cerddi greu cryn argraff arnaf, dechreuais chwilio am y llyfr ond darganfod nad oedd modd ei brynu mewn siopau. Ysgrifennais felly at yr awdur ei hun ac anfonodd hi ei chopi olaf sbâr ataf. Wrth imi sylweddoli, yn syth ar ôl darllen y cyfan, bod y casgliad yn haeddu sylw nid yn unig yng Ngwlad Pwyl ond hefyd tramor, dechreuodd y syniad o gyfieithu'r llyfr i Gymraeg gronni yn fy mhen. Dim ond ychydig o ddiwrnodau yn ddiweddarach – fel petasai rhywbeth goruwchnaturiol ar waith – cefais alwad ffôn oddi wrth wasg Melin Bapur yn gofyn a fyddai diddordeb gennyf gyfieithu gwaith llenyddol o'm dewis o'r Bwyleg. Heb betruso eiliad, mi gynigais *Kontakt*.

A dyma fi yn cyflwyno ichi *Cyswllt* – gyfieithiad o gerddi fe'u hystyriaf yn anodd ond hynod o bwysig. Darnau barddonol sy'n annog rhywun i fynd i mewn i brofiad rhiant yn gofalu am blentyn gydag anableddau, gwrando ar lais barddol sy'n siarad, heb smalio na chamliwio, am y foment pan fo'r byd yn chwalu'n deilchion a ffawd yn ein gorfodi inni wynebu holl anawsterau brwydro yn erbyn salwch, heb ddigon o gymorth, ond gyda phentwr o heriau a chywilyddion.

Clywodd Jadwiga ddiagnosis ei mab ieuengaf mewn ysbyty pan oedd ef yn fachgen bach. Dyma ei hatgofion o'r diwrnod hwnnw a rannodd mewn cyfweliad:

Roedd y cyfnod yn anodd iawn i mi. Un diwrnod, cymerais ryw ddarnau o bapur a dechrau sgwennu. Am fy nheimladau, digwyddiadau, am yr hyn mae fy mhlentyn yn ei wneud, am y pethau dyn ni'n aros amdanyn nhw. Heddiw, dw i wedi dod ar draws y tudalennau ac dw i'n eu teimlo nhw i'r byw. Fel tasai ysgrifennu'n cnocio wrth fy nrws, gofyn i mi ddychwelyd ato. A throdd yn rhaff achub.

Sawl blwyddyn yn ddiweddarach, dangosodd y bardd y casgliad o gerddi i'w phlant hŷn, sydd yn oedolion bellach, ac mae hi'n cofio hynny fel moment o ryddhad:

> Ro'n nhw dan argraff fawr a dywedon, 'Mam, mae'n rhaid cyhoeddi'r rheina'. Achos ro'n i'n amau a ddylwn eu dangos o gwbl. Ond wedyn meddyliais, na, dw i eisiau siarad am hyn, yn hytrach na'i gadw i mewn. Dw i ddim eisiau i gywilydd fod yn drech. Achos mae popeth dw i'n sgwennu amdano yn ddynol ac yn wir. Mae'n digwydd mewn llawer o gartrefi. A dylen ni ddim smalio bod y cyswllt yn wych bob tro, dydy o ddim. Ond ro'n i am ddangos hefyd yr eiliadau rhyfeddol sy'n dod bob hyn a hyn.

Yn y Bwyleg wreiddiol, mae'r gyfrol yn dechrau gyda berf na cheir mewn geiriaduron: *bezradnieć* sef 'diymadferthu', mynd yn ddiymadferth. 'Rwy'n diymadferthu' – yn y foment hon mae Fi y cerddi yn dechrau'i thaith, cyffesu ei gwendid a'i ddefnyddio e i gysylltu â'r un sydd fwyaf agosaf ati ond sy'n fwy diymadferth fyth. Ceir hefyd stori am wynebu diffyg cydymdeimlad y gymdeithas, pobol sy'n taflu geiriau poenus difeddwl, am frwydro yn erbyn cymorth trwsgl y wladwriaeth, am oresgyn rhwystrau ym myd gofal ac addysg. Dicter yw'r prif emosiwn mewn llawer o'r cerddi, llid wedi'i esgor o sylweddoli diffyg cyfiawnder y system sy'n gwthio llawer un, a'u diagnosis, i'r ymylon. Mae un o'r cerddi cyntaf, *asesiad. nodyn*, yn disgrifio profiad dyrys llawer o rieni yng Ngwlad Pwyl: sefyll o flaen pwyllgor asesu i gael tystysgrif anabledd. Dim ond drwy gael tic mewn dau flwch penodol (wele troednodyn y gerdd) mae modd cael yr hawl i'r cymorth mwyaf sylweddol. Ond nid ydy llawer o blant yn cael y dystysgrif addas am resymau aneglur ac mae'r sefyllfa hon yn gorfodi rhai rhieni i fynd â'u hachosion i lys barn.

Mae'r gyfrol yn llawn o brofiadau anodd tebyg: cofnodion o apwyntiadau meddygol diderfyn, ciwiau mewn clinigau, chwilio ofer am gymorth oddi wrth therapyddion, athrawon ac arbenigwyr. Unigrwydd, rhwystredigaeth a blinder a syrthia ar bob rhiant yn y pendraw.

> Unwaith dywedodd athrawes wrtha i dylai fy mab ddysgu gweu basgedi gwellt. Mae geiriau fel 'na yn boenus iawn a finnau'n gwybod am yr holl waith wnes i i ddatblygu sgiliau newydd fy mhlentyn bob dydd am flynyddoedd maith. Mae'n heriol iawn weithiau ond wrth gwrs des i ar draws pobol o bob math, rhaid i mi bwysleisio hyn, cwrddais i â rhai a ddangosodd gydymdeimlad anhygoel tuag ataf i a'm mab.

Mae *Cyswllt* hefyd yn stori am chwilio am gysylltiad gyda thi dy hun ar ôl blynyddoedd o waith caled, ymdrech i ail-greu'r byd trwy farddoniaeth. Mae'r bardd yn sôn am ei thaith ddelfrydol i Wlad yr Iâ, am yr enydau o gariad a thynerwch rhyngddi hi a'i mab. Yn y momentau hyn ymddengys, fel cytgan, elfen o gyswllt â byd natur, anifeiliaid a phlanhigion sy'n heddychloni rhywun a'i syfrdanu gyda'u hamrywiaeth. Po fwyaf yr ochrau tywyll datgela'r bardd, po fwyaf y mae'r cerddi golau hyn yn disgleirio, yn dangos sut yr ydyn ni'n gwerthfawrogi eiliadau gwib o hapusrwydd a hedd.

Ar adegau, mae'r bardd yn mynd tu hwnt i'w sefyllfa ei hun wrth edrych ar rieni a phlant eraill, fel y plentyn mewn hwdi pinc (*clinig geneteg*) neu fachgen yn y canolfan gwyliau ar gyfer plant anabl (*cantîn. gwersyll lles*). Dywed y bardd am y agwedd hon o *Gyswllt*:

Dw i'n edrych ar y llyfr fel ymgais i ddal cysylltiad gyda'r byd.
Dw i'n credu bod grym go iawn yn hynny, y gall cyswllt â phobol
eraill gwneud gwyrthiau, lleihau'r pellter. A dyna sydd pwysicaf.
Derbyn, deall. A charu. Cariad sydd o dan hyn i gyd.

Rydyn ni'n rhoi'r gyfrol i ddarllenwyr yng Nghymru, felly, gyda'r gobaith o greu cyswllt er gwaethaf yr holl bellter daearyddol a diwylliannol rhyngom a byddwn yn ystyried yr ymdrech yn llwyddiannus os caiff rhywun ei annog, trwy'r cerddi hyn, i ehangu ei gymuned a chynnwys y rhai ar ymylon, y rhai sâl a 'wedi eu serio'. Dyma neges *golau Sirius*, cerdd olaf y gyfrol ond y cyntaf i'r bardd ei hysgrifennu ddegawd yn ôl. Mae Sirius, seren ddisgleiriaf y nen, yn ddwy seren mewn gwirionedd – un fawr, sy'n taflu golau ysblennydd, ac un llai, hŷn, anweledig o'r Ddaear, y corrach gwyn, fel y'i gelwir, sy'n mynd o gwmpas y llall ac yn colli ei golau fesul tipyn. Clo'r awdur y casgliad â'r trosiad hardd hwn o berthynas mam a mab.

Ar ddiwedd y rhagair, hoffwn ychwanegu ambell sylw am agweddau o'r cyfieithiad. Mae techneg yr awdur o hepgor atalnodi a llythrennau bras yn gyfan gwbl braidd yn anghyffredin ym marddoniaeth Gymraeg gyfoes. Er hynny, mi gadwais ffurf y cerddi fel y mae yn y gwreiddiol gan ddilyn bwriad y bardd i alluogi darllenwyr i ganolbwyntio ar ystyr y geiriau a chwilio, ar eu pennau eu hunain, am le i osod saib, anadl neu ofynnod; yn yr un modd cadwyd y tudalennau gweigion (sy'n rhan bwriadol o'r gyfrol). Bydd ambell gerdd yn cyfeirio at agweddau o fywyd yng Ngwlad Pwyl na fyddai'n hollol amlwg i ddarllenwyr o dramor heb y cyd-destun. Gan i mi eisiau bod yn ffyddlon tuag at y gwreiddiol, yr oedd rhaid gosod troed-nodion yma ac acw, ond ar yr un pryd, er mwyn hwyluso dealltwriaeth, cefais wared ag elfennau bach lleol fel enw stryd a sianel deledu. Mae'n bosib caiff rhai darllenwyr eu synnu gyda'r defnydd o Saesneg mewn ambell gerdd. Y rheswm dros y penderfyniad oedd fy mod i'n ceisio didoli realiti ffeithiol oddi wrth realiti ieithyddol yn fy nghyfieithiadau. Dyna pam rwy'n gosod llinellau Saesneg mewn rhai o olygfeydd sgwrsio, yn enwedig gydag arbenigwyr meddygol. Yn y Bwyleg wreiddiol, adlewyrcha'r bardd yn fanwl gywir yr iaith mae rhai meddygon yng Ngwlad Pwyl yn ei defnyddio, llawn o eiriau astrus, annealladwy, amddifad o empathi. Yng Nghymru, clywir llawer am broblemau diffyg arbenigwyr meddygol sy'n siarad Cymraeg. Cafwyd sgwrs am hyn mewn un o baneli Eisteddfod Genedlaethol ddiwethaf ac rwy'n cofio un claf yn dweud 'pan ydw i'n siarad â meddyg yn Saesneg mae'r geiriau yn mynd i fy mhen ond dim yn cyrraedd fy nghalon'. Rwy'n credu bod y frawddeg hon yn ddisgrifiad perffaith o'r pellter gall iaith yn ei greu yn y cyswllt rhwng claf a meddyg yng ngherddi Jadwiga. Mi ddefnyddiais Saesneg, felly, i adeiladu realiti ieithyddol sy'n agosach at brofiad darllenwyr Cymraeg, er fy mod i'n sylweddoli bod hyn yn tarfu ar unoliaeth y byd sy'n cael ei bortreadu yn y cerddi. Serch hynny, rwy'n credu bod yr hawl i wasanaeth iechyd yn Gymraeg yn fater gwerth trafod cymaint â phosib, hyd yn oed mewn ffordd mor anuniongyrchol.

Yn olaf, hoffwn i roi fy niolch cynnes i'r awdur am ei chydweithio ardderchog a'i hamynedd i ymateb i'm hamheuon, i Megan Angharad Hunter a Siôn Pennar am eu help enfawr a gwych wrth olygu a phrawfddarllen y cyfieithiad a'r rhagair, ac i Adam Pearce am wneud y cyhoeddiad yn bosib.

Marta Listewnik,
Poznań, Chwefror 2025

bezradnieję i wtedy najbliżej ciebie jestem
w wierszu

yn y sbel o anallu rwy' nesaf atat
mewn cerdd

prolog

mae effeithiau gohiriedig hypocsia
yn cynnwys problemau niwrolegol
difrifol ac anghildroadwy

peidiwch â meddwl gormod cyn iddo ddigwydd
dych chi'n arteithio eich hunain

dyheu. gwrthsefyll

agosáu nerth fy ngafael
palu hyd atat ti dy ddeall di a byth rhoi yn ôl
dim mymryn bach anghofio am y dieithr

yn araf gosodem gonglfeini ond fyddai dim ohonynt
yn ffurfio patrwm yn ôl rhagolygon a rheolau

taflwn dyrrau o ddogfennau ar y bwrdd f'anadl yn tasgu
taflwn gwestiynau i'm dwrn na allai neb eu hateb

des i â thi yma er mwyn i'r môr ein glanhau
i rwygo'r hyn trwy garu ymaith ohonot ti
neu ohonof i

nos. traeth

daethom ar draws hamog ddoe nad oeddet ti am ei adael
caeëdig fel larfa pryf pric yn ei lety main
mynnaist imi dy siglo'n uwch ac yn gryfach

yr eiliad honno cawn ein haileni i'n gilydd
wedyn mewn pleser o chwerthin roeddem yn rhedeg
ar hyd y traeth heb ollwng dwylo na cholli gwynt

fis Mehefin ar lannau'r Baltig dangosais iti damaid o leuad
a noson wen ddi-sêr llwyddon ni estyn amdani
o'r diwedd heb ofn – gyda'n gilydd

noethni. plentyn

ymrwygodd o'm gafael a rhedeg ar hyd y traeth
a'i freichiau'n lled agored i gael cwtsh
dychrynodd wylanod â'i chwerthin
cafodd ei erlid gan lygaid llawn sioc a dicter o weld
y pidyn noeth

glynodd wrthyf i yn ffyddiog
ond tynnais fy mreichiau'n ôl
dw i'm isio cofleidio

rhewais yn stond o gywilydd
gan na allaf i dderbyn
hyn gymaint

glanha...CACHWR...HEGLA HI HEGLA HI HEGLA HI

cantîn. gwersyll lles

do mi gerddodd yn araf ond roedd ei ddwylo'n crynu
collodd y potes ar y llawr
a gosod y plât ar y bwrdd dan sgrechian
elli di'm 'neud unrhyw beth yn iawn
nest ti lanast eto cachwr glanha
dos i'r stafell
hegla hi
hegla hi

asesiad. nodyn

I can see a danger here
dywedais wrth y meddyg
gan bwyntio at baned boeth ar fin y bwrdd
cafodd hi ei brifo mae'n debyg
gwrthodwyd pwynt saith er gwaetha'r argymhellion[1]
mynnais fwrw golwg ar gofnodion yr achos
yn y ddogfen asesiad iechyd plentyn darllenais amdanaf i fy hun
the mother is demanding and emotionally tense
her attitude to the examination is negative

peidiwch â synnu – cysurodd y gyfreithiwraig
– dyna be' maen nhw'n arfer gwneud

---

[1] Yn y tystysgrifau anabledd yng Ngwlad Pwyl, mae Pwynt 7 yn cadarnhau'r angen i roi gofal neu gymorth parhaol i'r plentyn gan berson arall yn sgil y gallu sylweddol o gyfyngedig i fyw'n annibynnol, tra bod Pwynt 8 yn cadarnhau angen cymorth beunyddiol y rhiant yn ystod therapi neu waith ysgol. Yn yr asesiad iechyd plentyn, cadarnhad Pwynt 7 ac 8 ynghyd oedd yr unig ffordd i'r rhieni gael budd-dal gofalwr ar yr amod bydd un ohonyn nhw yn rhoi'r gorau i unrhyw waith cyflogedig. Bu llawer o ddadlau ynglŷn â'r asesiadau oherwydd bod rhai o'r meini prawf yn aneglur a bod y ddeddf yn atal gofalwyr rhag ennill arian ychwanegol trwy weithio'n rhan amser, gan greu sefyllfa drychinebus o anodd i rieni sengl. Mae newid yn y gyfraith yn 2024 wedi codi'r gwaharddiad gweithio ond dim ond i ofalwyr plant o dan 18 oed.

ymbiliad. cymorth

roedd ei groeso yn glên chwarae teg a'i lygaid yn sownd arnaf
ond gadawodd yn sydyn pan ganodd y ffôn
a finnau wedi cael fy stopio ar ganol y frawddeg
syllwn yn hir ar y ddesg dderw
ar ôl iddo ddychwelyd, rhoddodd esboniad
ddrwg gen i ond 'dych chi ddim yn dweud na i Radio Maryja[2]

chi yn i mi
dw i wedi dod i'ch poeni fel pob un wedi ei serio
a nid yw hynny yn rhywbeth hawdd i'w drafod

---

[2] Radio Maryja (yng. 'maRYia', Mair, y Forwyn Fair) – sianel radio breifat, ddylanwadol sy'n canolbwyntio ar faterion crefyddol ochr-yn-ochr â rhai gwleidyddol. Mae'r sianel yn destun llawer o ddadleuon a beirniadaeth llym oherwydd cysylltiadau busnes rhwng ei berchennog. Tra bod nifer sylweddol o bobol yn gwrando ar y radio yn gyson, i eraill, mae Radio Maryja yn cynrychioli Cristionogaeth wrthdroëdig, anoddefgar.

yma. ym mhobman

'dyn ni ddim yn cau ein hunain yn y bathrwm
'dyn ni ddim yn chwerthin am beth bynnag
'dyn ni ddim yn cicio ein cymydog fel ti dy hun
'dyn ni ddim yn llyfu gweddillion oddi ar y plât
'dyn ni ddim yn gafael mewn cytled â'n dwylo
'dyn ni ddim yn trochi'n bysedd yn y mêl
'dyn ni ddim yn siglo i'r chwith ac i'r dde
nac ymlaen ac yn ôl
'dyn ni ddim yn clapio'n uchel
ddim yn brathu'n garddyrnau
ddim yn pigo croen ein hewinedd
ddim yn crafu plorynnod
ddim yn rhwygo labeli o ddillad
'dyn ni ddim yn canu popeth 'dyn ni'n licio
'dyn ni ddim yn gwneud synau rhyfedd
neu fyddan nhw'n syllu a syfrdanu
ar y ffyrdd 'dyn ni'n trosglwyddo ein hemosiynau
(felly throsglwyddwn mohonyn nhw, jyst rhag ofn)
'dyn ni'n aros am yr eiliad cywir i ryddhau sgrech neu lefain
plannu ein dannedd yn y cnawd meddal
blasu gwaed, crafangu ar dair tafell o fara
a'u stwffio'n wancus i'n ceg

oerni. dŵr

dere nawr mae'n oer
mae'r ferch yn galw ar y plentyn a finnau wrth eu hymyl
yn rhoi fy nghorff i'r oerni o'm gwirfodd
eisiau puro fy hunan o gynhesrwydd
chewch chi ddim gadael i wendid fod yn drech, dyma pam
mor hir rwy'n cerdded ar y cerrig, goddef poen fel geiriau sych
sy'n gwneud dy lygaid yn darthog a chledrau dy ddwylo'n chwyslyd
mae lleithder yn dal i fyw yn y llecyn penodol
yng nghof y coluddion

ofn. cariad

mae'n cropian i fyny i'r gwddw fel anifail gyda'r
gynddaredd (nid bob tro bydd yn nesáu
yn dawel bach) weithiau medraf ei rwystro a'n tynnu ni
ymaith i'r golau ond 'dyn ni ddim yn smalio bellach y gall
unrhyw barti gwyllt normal ddigwydd

edau ar y tywod yn hollti a chodi
yn rhythm llanw yn llifo dros ein traed
a finnau'n gorfoleddu ar dy chwerthin sanctaidd a'i gloi
yn fy nghlustiau hyd derfyn holl nosweithiau

cuddiaf yn fy llygaid dy iris gwyrdd
y ddwy gannwyll ddu y ddau gylch nodweddiadol
i fyw gyda'i gilydd rwyf dal eisiau dweud wrthyt ti
am y gostyngiad ym mhoblogaeth y llamidyddion am y morwiail
main ac arferion palod

wrth inni gamu i mewn i'r eglwys gadeiriol fe seiniodd
sacsoffon a phiano gwingaist ti
gafael yn fy llaw ac wedyn – wrth symud dy wyneb ataf i
â hyd anadl rhyngom – dyma ti'n edrych yn syth ym myw fy llygaid
be' ydy o
esbonia be' ydy o

sffêr. cyswllt

yn fras siâp sffêr yw pelen dy lygad
a wnaed o dair pilen yn union fel fy un i
ond nid yw hynny'n ddigon i ti sylwi arnaf

dyna pam rwy'n gwisgo minlliw coch
ffrogiau amryliw a mwclis bob dydd
ymwasgu'n ddiymadferth i'th faes gwelediad di

fel bwled

cartref. ni

man lle gwaharddwyd neu caniatawyd
nifer o weithgareddau
a'u hystyrir yn gyffredinol yn annormal

cwtsio...cwtsio...cofleidio...dw i'n ofni ofni ofni....

galwad ffôn. ysgol

mae'n deud chafodd o mo'i frecwast ac mae arno gur pen
ydy mae'n ysgwyd ysgwyd ysgwyd
roedd isio brechdan a nes i adael iddo'i bwyta
ond dw i'n ofni ofni ofni

mae popeth yn iawn
mae wastad yn gadael adra ar ôl brecwast
cofleidiwch fo plîs cwtsio cofleidio

yna roeddwn am restru pob un o'm hofnau beunyddiol
sicrhau'r athrawes crefydd bod Duw trosom
ond mi wn ers talwm bod y geiriau nac ofnwch
yn rwtsh llwyr

rwy'n delwi. ond

pan mae'n taflu ei slipars i'r bin
a dweud ffarwél wrthyn nhw'n dyner
ta-ra anwyliaid ta-ra
dydy'r ci ddim yn codi'i glustiau
dw i yn
w'chi – cyffesaf wrth ddynes ddieithr
tra'n gwneud cyswllt llygaid perffaith –
dw i jyst isio bod yn fam
ro'n i'n meddwl medra i
ond a bod yn onest
wn i blydi ddim

atgyweirio. newydd

edrychai'r safle adeiladu fel tir tyrchu baeddod
mi gerddais heibio'r ddau ddyn a oedd yn sefyll yn stond
a syllu'n ddi-glem ar y palmant fel fy nain ar badell drydanol boeth erstalwm
how 'bout we grab this fuckin' corner an' rip it off
awgrymodd un ohonynt
roeddwn ar fin penderfynu rhythu gyda nhw
ar gornel y pafin oherwydd chwiliaf am ddatrysiadau radicalaidd
er enghraifft mi brynais frwsh golchi cefn â dolen hir
dad-ddysgais gadw'n dawel ac ymwelaf â llysoedd barn
mewn achosion da

er y gallwn, yn hytrach, sgwennu cerdd am fachlud
neu am biso gyda'r gwynt

ymfudo. merch

mi fydd o les i ti fyddi di ddim
yn gorfod gwrando a gwylio bellach
ar ôl iddi adael, ni allwn fudo o'r bathrwm
â'm pen ar fin y twb, plannais fy mysedd yn fy nghroen
daeth udiad i mewn i mi yn rhwydd ac am yn hir
eisteddais ger y silffoedd gwag
yr oedd rhywbeth sffincsaidd amdanaf

pe bawn i heb chwarae dy playlist Spotify drwy ddamwain
ella byddwn i wedi gadael trwy'r ffenest

rhowch un siawns arall i mi

mae hi'n ymbil ac rwy'n teimlo fel Duw am eiliad
yn gallu symud fy mawd i fyny neu i lawr
rwyf eisiau rhestru pob siawns rwyf wedi'i rhoi a faint
o faw oedd i'w sgrwbio ymaith â rasel yn y diwedd
ond tewaf
wrth nodio fy mhen heb ffydd heb f'argyhoeddi
a meddwl am chwe phelen fach o bapur toiled
wedi'u stwffio i mewn i'w ffroenau o
a lwyddais i dynnu pob un allan

gwrywdod. perthynas

ma' mhidlen i wedi tyfu
dywedodd wrth yr athrawes yn yr ysgol
roedd arno eisiau gwybod beth yw ystyr hynny
ond chei di ddim siarad am hyn gyda fi
oedd ei hateb
pam ddim
gofynnodd yn syn
pam ddim
gofynnais i

mae'n dy 'neud di mor anesmwyth

fel anymataliaeth

apwyntiad. anhepgor

wrth fynd i'r syrjeri lleol waeth i mi heb feithrin gobaith
byddai'r radiolegydd yn ferch gwyddwn beth oedd yn fy nisgwyl
daeth yr anhawster cyntaf pan gamodd allan i'r coridor
heb wedi gwglo lluniau doedd gen i ddim syniad
ei fod yn ddyn golygus â mwynlais a gwên i bobl eraill
take off your clothes and sit in the chair please
swniai'n gyffredin ond ni chofiodd fy mol y fath dynerwch
wedyn eisteddodd â'i ben ar yr un uchder â'm dirgelion
tawodd y ddau ohonom caeais fy llygaid i beidio â gweld fy nhraed
yn wynebu dau begwn y byd teimlwn y trawsddygiadur ynof
gwres yn llifo dros fy wyneb caeais fy nyrnau yn ddiymadferth
awgrymodd gamau grymus
oherwydd bydd codi ffibroidau'n ffaelu weithiau
are there risks I should know about – gofynnais pan ddaeth y cyfan i ben
you're asking what may happen in the hospital
you can die for instance – things like that come about
I have a child to raise – meddwn i
trodd mo'i lygaid o'r cyfrifiadur
so we'll do the necessary stuff
the biopsy will hurt you've been warned

roedd ein hoff hufen iâ'n blasu'n wahanol y tro hwn

parciais dros yr arwydd cadair olwyn ond am y tro cyntaf fe brotestiodd
pam wyt ti'n stopio fan 'ma ateb fi
ro i'n ceisio tawelu'r peth ond aeth ymlaen yn nerfus
pa un o'n ni sy'n anabl – gwaeddodd – *ti neu fi ateb fi*
cydiais yn ei wyneb gan edrych ym myw ei lygaid
ti
ti ers dy enedigaeth
ti ti'n dallt ond 'di o'm yn newid dim byd
'chos dw i'n dy garu di

cusanodd fy mochau a'm dwylo
cydiodd yn fy ysgwydd fel petai'n trio cadw'i hun ar ei draed
safem yn dynn gyda'n gilydd neu efallai cwympem
wyt tithau'n rhywun fel 'na
nadw ond mi fydda i cyn bo hir

unigrwydd. lŵp

eisteddais ar y gwely ymysg y silffoedd gwag
llyfnais y carped â'm troed yn ofalus
rhag i un blewyn ar y twb
gel hanner gwag neu sebon meddal
unrhyw beth
oglau hyd yn oed cymeraist di bopeth wrth newid y dillad gwely
dy playlist des i ar ei draws a'm cofleidiodd y noson gyntaf
nawr mae'r lamp nenfwd fel cylch mae rhywun am neidio allan trwyddo

gel hanner gwag...sebon meddal

hwyrol weddi

cer i gysgu plîs cer i gysgu dw i isio gorffwys plîs plîs paid â
phoenydio'r ci paid â dod yma paid â 'mhoenydio fi paid â siarad
taw bydd yn ddistaw stopia paid â rhedeg paid â ffidlan paid â
bwyta paid â chlapio paid â thorri na nid bla bla bla paid â thyfu i
fyny paid â dangos i mi'r hyn dw i ddim yn gallu edrych arno
bellach na paid â gofyn cer i gysgu rhaid i ti fynd fory ben bora
mynd ti'n dallt dim cyfrifiadur dim teledu dim cwsg tawel dim hoe
mae na alimoni a thabledi gwrthiselder espresso dwbl dwbl du
energydrinks ar y ffordd adra ie mi wn ro't ti'n tasgu dw i'n tasgu
doedd 'na neb does 'na neb o hyd a ninnau ddim yn bod mewn
gwirionedd er bod eisiau mor daer arnon ni i fod a siarad am
gylchdroadau sfferau *maaam maaaaaaaaaaaaaaaaaam* plîs cer i
gysgu dw i'n ymbil arnat ti

bla bla bla bla am lol

fy nhabled fach wen

cara fi dyna i gyd
ymhen mis byddwn yn byw fel pâr priod
mewn cydberthynas a symbiosis o'r ansawdd
uchaf mi roddaf f'organedd iti
tydi a roddi dawelwch im
fy mhilsen fach wen ag opsiwn torri
yn hanner nas defnyddiaf
rywbryd dechreuwn ni fywyd tragwyddol

bywyd heb boen os gwelwch chi'n dda

ac ymennydd newydd i'm plentyn un cyffredin
na ofynned i mi sawl gwaith y dydd beth fydd yn digwydd pan fwyty
ddwy sgriw yn lle un
doedd dim nadolig pan ddadsgriwiodd un a'i llyncu
(ond pwy fyddai'n aros am ddolig bellach)
llai o ddatganiadau os gwelwch chi'n dda fy mod i'n cymryd
pob cyfrifioldeb am ddigwyddiadau damweiniol am weithredu
a diffyg gweithredu gan eraill
peidiwch â gofyn i mi ofalu am eich ofn
rwy'n cario fy un i o wawr i wawr
yn cadw gwyliadwriaeth ar gopa pwysau
nosweithiau o gwsg os gwelwch chi'n dda
a ddaw i mi ag ychydig o heddwch
he ddwch ffy cin he ddwch

pobol. tywyllwch

*duda wnân nhw ddod yma
deffro fi a churo'u dwylo*

ofn yn tyfu ymaith fel chwyn ond na does dim mymryn
o dir glas pob modfedd wedi'i feddiannu gan dynerwch
a minnau'n ofni efo ti

*a fyddan nhw'n barnu ac asesu eto
faint yn union wnaeth y cariad hwn
fy nhurio
f'arfogi*

faint yn union wnaeth y cariad hwn fy nhurio f arfogi.. a n a d l

adroddiad

y gyntaf i gysgu yr ail i dawelu ac ymadfer
mi brynais y drydedd do ond chymera i mohoni
mae'n ddrwg gen i doctor – gwenaf yn garedig – *dw i'n gorfod*
rhoi lifft i'r plentyn y ddwy ffordd bob dydd
digon o'r hen gymhlethdodau am y tro

chwarae gêm efo'm ffasgia

mae poen yn codi neu leihau dan bwysau
ond nid sbort mohono
eithr mater o fyw a marw

cywilydd...dirmygwyr

bwyty. cywilydd

rydym yn dod i'r wyneb
i gael dyrnaid o bleserau cyffredin
bwydo anghenion anesmwyth rwy'n pysgota am gipolygon
y dirmygwyr wrth i ti lyfu'r saws coch o'r bwrdd
tynnu dy sgidiau ymaith ac efo
ooooooo ma' mor neis yma
gorwedd ar y soffa
pwy a fentra ddadwisgo i deimlo'r gwynt
pwy a ofynna'n blwmp ac yn blaen am fraich neu goes goll
pwy a ddengys ei sanau patrwm siôn corn efo
ooooooo ma' mor neis yma yn feddal
cymerwch drugaredd ddirmygwyr

dw i'n caru chich dau
rwyt ti'n dweud mewn lleoedd gwahanol yn union
fel taset ti'n archebu dy hoff bitsa

aros am oleuni'r gogledd mewn twb dŵr geothermol

gwyraf fy mhen bellach yn ôl a dal i ledu
fy mreichiau'n ddiamddiffyn
o dacw nhw – mae rhywun yn gweiddi caeaf fy llygaid
glesni'n goferu ynof ymnyddu ymlusgo
ni ofynnais ond rhoddwyd imi
beth yn awr beth ddigwydda sut cyffwrdd hyn â fi
fy rhwygo neu gyfosod

corff yn ildio i'r cynhesrwydd rwy'n lledu
fy mysedd fy nhraed yn crynu

ni dd'wedais eto am yr hyn
a ddigwyddodd

cwrddom ni i gyd yn y coridor cul

y rhai â phlant cynamserol
y rhai ag apwyntiad wedi canslo
y rhai ag apwyntiad heddiw
rhai â nodyn bach gan y doctor
rhai â mater o frys
a'r lleill i ofyn jyst un cwestiwn bach
y rhai o'r rhaglen o blaid bywyd
oedd y cyntaf i ddod i mewn[3]

---

[3] O Blaid Bywyd (*Za Życiem*) – rhaglen gyhoeddus ar gyfer pobl anabl a'u gofalwyr, gyda phwyslais arbennig ar fenywod â beichiogrwydd cymhleth a babanod â'r clefydau mwyaf difrifol. Dechreuwyd y rhaglen yn 2016. Un o'i phrif nodau oedd sefydlu 30 o ganolfannau arbenigol ledled y wlad i ddarparu gofal meddygol i blant ag anableddau difrifol. Yn lle hynny, gostyngodd nifer y canolfannau o'r fath yng Ngwlad Pwyl o 8 yn 2018 i 6 yn 2020. Beirniadir y rhaglen am ddiffyg effeithiolrwydd, yn arbennig yn wyneb deddf ddadleuol yn 2020 a waharddodd erthyliad oherwydd niwed difrifol i'r ffetws.

***

torrodd y gaeaf yn y darlun ar wydr
gan fy mhlentyn

rwy'n edrych ar gleren tu mewn i'r lamp
wedi'i chrebachu fel deilen sych

cefais ffisig ar gyfer pendro gan y niwrolegydd
byddai'n well gennyf un ar gyfer cof detholus

esgusodwch fi oes gynnoch chi fathodyn parcio

gofynnais yn glên i'r gwerthwr llysiau gwanwyn
fe barciodd ei fusnes teithiol
ar yr unig fan parcio anabl
nid oedd ganddo ganiatâd na bwriad goddef pobol fusneslyd
roedd ei lais yn cynddeiriogi
clywais fod melltith Duw arna i eniwe
gan fod gen i blentyn fel 'na

roedd y doctor yn hwyr ia wir

ond llwyddodd hi i gasglu'r hanes ac ochneidio
y'know the thing is the child will never be able to grasp
the meaning of words from the higher semantic register
like – disconcerted
wrth i mi gau'r drws ychwanegodd
do pray

clinig geneteg

d'yw e ddim yn neis fod ti 'di 'ngeni fi
byse'n well 'se ti ddim wedi 'ngeni fi
meddai'r hogyn bach mewn hwdi pinc i'w fam
a'i dad wrth y ddesg gofrestru yn sibrwd
mai ef yw cludydd y genyn a'i wraig sy'n dioddef
how am I supposed to squeeze all this info in here
mae'r ddynes yn gwylltio wrth lenwi bocsys cul yr holiadur
rhywun yn y cefndir yn siarad am cerezyme

rwy'n eistedd â'r sgarff wrth fy wyneb

pan ddes i ar ôl y dosbarth ochneidiodd hi

mi wn ystyr hynny bellach
doedd ganddo ddim diddordeb yn y cerddi na'r plant
ond syfrdanodd bawb efo'i syniad: broga ar ddeilen
wedi'i gwneud o botel plastig

am y tro cyntaf erioed wn i ddim sut i'w ateb

wrach caiff o ddysgu rhyw waith llaw syml
fel plethu basgedi
wrach hyn fyddai ora iddo
awgryma hi wrth syllu i fyw fy llygaid

mam

pa ddôs fydd yn dy ladd

not all dogs go to heaven

yn y lifft rwyt ti'n estyn dy law i bawb
ond nid ydy pawb am ei hysgwyd
rwyt ti'n tsiecio rhagolygon tywydd a logo newydd y sianel
sawl gwaith y dydd torri i ffwrdd yr hyn sy'n cosi neu'n crafu
rwy'n tynnu fy hŵd tu allan i deimlo cyffyrddiad
yr heulwen a gwynt gyda thi
pan edrychwn ar y cymylau ddoe gofynnaist a oes nefoedd
i gŵn ac a wnawn ni i gyd gwrdd yno rhyw ddydd

cytyfiaid

dangosais i ti gyffyrddiad y falwen ambr a suo'r nant
gludiais lafariaid ar y wardrob enwau ar y dodrefn
byddwn yn dy arwain lawn-wrth-law i lawr grisiau cau fy hunan
gyda thi mewn siambr hyperbarig wrth adrodd cerddi
yn y dirgryndod hwn anghofiais am gynlluniau
ar gyfer y dyfodol colli fy orbit rhedeg allan o
gylchdroadau saff rhyngof i a dy haul
eto pan dd'wedais wrthyt ti am ryddid
gan ddefnyddio'r esiampl gwenyn
roedd yn tywynnu fel nad oedd wedi erioed

epilog

pwy fydd yn gyrru'r car
lle bydda i'n byw
pan fyddi di'n marw

golau Sirius

gwyn eu byd y rhai amyneddgar nad ydynt byth yn colli ffydd
a fydd yn estyn llaw â chariad a heb ffieidd-dod

ryw ddydd deui'n greadur unigryw gwnei ddisgleirio
â golau gwynlas yng nghytser y ddynoliaeth
ti – cyflenwad rheidiol y byd
byth eto yn elfen od

un o'r cryfaf y byddi di
nas torrir gan salwch na phoen gwrthodiad
ni fynna neb iti ddeall popeth
bydd rhai yn dysgu gwrando'n astud arnat

yn y cyfamser tyfa chwardd rheda
bydd o'r diwedd yn hapus a diofal
fel y dylai pob plentyn fod

hyd angau byddaf yn gorrach gwyn i ti
yma ar y cylchdro agosaf

22.10.2015

cynnwys

9. prolog

11. dyheu. gwrthsefyll

13. nos. traeth

14. noethni. plentyn

17. cantîn. gwersyll lles

18. asesiad. nodyn

19. ymbiliad. cymorth

20. yma. ym mhobman

21. oerni. dŵr

22. ofn. cariad

25. sffêr. cyswllt

26. cartref. ni

29. galwad ffôn. ysgol

30. rwy'n delwi. ond

31. atgyweirio. newydd

32. ymfudo. merch

33. rhowch un siawns arall i mi

34. gwrywdod. perthynas

35. mae'n dy 'neud di mor anesmwyth

36. apwyntiad. anhepgor

37. roedd ein hoff hufen iâ'n blasu'n wahanol y tro hwn

38. unigrwydd. lŵp

41. hwyrol weddi

42. fy nhabled fach wen

43. bywyd heb boen os gwelwch chi'n dda

44. pobol. tywyllwch

47. adroddiad

48. chwarae gêm efo'm ffasgia

51. bwyty. cywilydd

52. aros am oleuni'r gogledd mewn twb dŵr geothermol

53. cwrddom ni i gyd yn y coridor cul

54. ***

57. esgusodwch fi oes gynnoch chi fathodyn parcio

58. roedd y doctor yn hwyr ia wir

59. clinig geneteg

60. pan ddes i ar ôl y dosbarth ochneidiodd hi

61. am y tro cyntaf erioed wn i ddim sut i'w ateb

62. mam

63. not all dogs go to heaven

64. cytyfiaid

65. epilog

69. golau Sirius

Enillodd *Cyswllt* Brif Wobr yn yr 16eg Gystadleuaeth Genedlaethol Llyfr Llenyddol Gwreiddiol – Świdnica 2023.

O'r feirniadaeth:

Nid sbort mohono eith mater o fyw a marw – mae awdur *Cyswllt* yn ailadrodd chwedl adnabyddus Ignacy Krasicki. Yn y gerdd honno, roedd llyffantod yn cwyno am fechgyn yn taflu cerrig atynt yn ddifeth; yma, does neb yn achwyn. Dyma beth sy'n swynol am y gyfrol: cludo baich bywyd gydag urddas ac ufulltod. A dyma natur y cofnodion: tawedog, asgetig, di-ymwthgar yn eu ffordd o adlunio dirgelwch byw gyda phlentyn anabl. Cariad diamod mam sy'n diarfogi, cymaint ag y gall, creulondeb y byd, system wasanaeth iechyd a gofal cymdeithasol. Cefais fy nghyffwrdd a'm syfrdanu, ond mwy na hynny – dechreuais ddeall o'r diwedd sut deimlad ydy clywed rhywun yn dweud wrthyt ti heb os nac oni bai bod plentyn fel hyn yn gosb am dy bechodau. Sut i ymdopi gyda hyn, sut i fyw, ac, ar yr un pryd, sut i beidio â cholli cyswllt â realiti, iaith a barddoniaeth – dyma beth y mae'r llyfr hwn yn ei ddangos.

Karol Maliszewski

I annog darllenwyr, gallai rhywun ddweud mai cerddi am gariad ydy'r rhain. Ond nid dyna'r gwir i gyd. Mae'r rhain yn gerddi am gariad arall. Un sy'n ein turio ac ein harfogi. Un y gallwn siarad amdano dim ond trwy osgoi geiriau o'r '*higher semantic register*'.

Jacek Podsiadło

www.ingramcontent.com/pod-product-compliance
Lightning Source LLC
Chambersburg PA
CBHW041302240426
43661CB00010B/995